글_ 김미애

잘 먹는 먹깨비에 잘 노는 놀깨비 그리고 잘 놀고 잘 먹는 것보다 재미난 것을 가장 좋아하는 재미깨비입니다. 그래서 재미있고 신나는 이야기를 짓는 글깨비가 되었습니다. 한국 안데르센상을 받았고 창비 좋은 어린이책 공모전에서 우수상을 받았습니다. 쓴 책으로는 《무지막지 공주의 모험》,《자전거 소년》,《새콤달콤 비밀 약속》,《악당 우주 돼지가 수상해》,《무적 수첩》 등이 있습니다.

그림_ 지우

홍익대학교 판화과를 졸업하고, 국민대학교 미술교육과 석사 과정을 졸업했습니다. 지금은 프리랜서 일러스트레이터로 활동하면서 그림으로 어린이들에게 진솔하고 재미있는 이야기를 전하려고 노력하고 있습니다. 다양한 그림 표현을 연구하며 작업할 때 가장 즐겁고 행복합니다. 그린 책으로는 《내 짝궁으로 말할 것 같으면》,《고양이는 알고 있어》,《우당탕 201호의 비밀》,《단톡방 귀신》,《전설의 보물 지도》 등이 있고, 쓰고 그린 책으로《유치원에 네가 개!》가 있습니다.

감수_ (사)한국생활안전연합

'어린이가 안전하면 모두가 안전하다'라는 생각으로 사회적 약자가 안전한 세상을 만들어 가는 데 앞장서는 대한민국의 대표 안전 공익 법인입니다. 아동 안전 캠페인, 안전과 관련된 정책 및 입법 활동, 아동 안전사고 예방 교육 등을 통해 안전 문화를 확산하고 있습니다.
(홈페이지 www.safia.org)

폭력은 안 돼!

ⓒ 김미애 지우, 2016

1판 1쇄 발행 2016년 11월 28일 | **1판 3쇄 발행** 2020년 12월 30일

글 김미애 | **그림** 지우 | **감수** (사)한국생활안전연합
펴낸이 권준구 | **펴낸곳** (주)지학사
본부장 황홍규 | **편집** 김솔지 문지연 | **디자인** 이혜리
제작 김현정 이진형 강석준 방연주 | **마케팅** 송성만 손정빈 윤술옥 이예현
등록 2010년 1월 29일(제313-2010-24호) | **주소** 서울시 마포구 신촌로6길 5
전화 02.330.5297 | **팩스** 02.3141.4488 | **이메일** arbolbooks@jihak.co.kr
ISBN 979-11-85786-84-1 74370
ISBN 979-11-85786-48-3 74370(세트)
잘못된 책은 구입하신 곳에서 바꿔 드립니다.

이 도서의 국립중앙도서관 출판예정도서목록(CIP)은 서지정보유통지원시스템 홈페이지(http://seoji.nl.go.kr)와 국가자료종합목록 구축시스템(http://kolis-net.nl.go.kr)에서 이용하실 수 있습니다.(CIP제어번호: CIP2016027194)

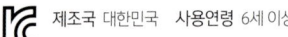

제조국 대한민국   **사용연령** 6세 이상
KC마크는 이 제품이 공통안전기준에 적합하였음을 의미합니다.

 아르볼은 '나무'를 뜻하는 스페인어. 어린이들의 마음에 담긴 씨앗을 알찬 열매로 맺게 하는 나무가 되겠습니다.

홈페이지 www.jihak.co.kr/arb/book | **포스트** post.naver.com/arbolbooks

펴내는 말

안전한 생활이 곧 행복한 미래다

　세월호 침몰부터 판교 환풍구 붕괴, 글램핑장 화재까지 최근 우리 사회에는 안전 불감증에서 비롯된 참사가 잇달아 발생했습니다. 이에 교육부는 유아부터 고교 단계까지 체계적인 안전 교육이 가능하도록 발달 단계에 따른 안전 교육 표준안을 마련하였으며, 학교생활 안전 매뉴얼 앱을 만들었습니다. 또한 2018년부터 적용되는 새로운 교육 과정에 안전 교과를 포함시키기로 결정하였습니다.

　우리는 큰 사고가 일어나면 '안전이 제일이다'라며 안전의 중요성을 강조합니다. 하지만 그때뿐일 때가 많습니다. 안전 의식이 자리 잡지 못하면 우리 사회의 안전 문제는 늘 소 잃고 외양간 고치는 격의 상황이 반복될 것입니다.

　몇 번의 교육으로 머릿속에 지식을 넣을 수는 있습니다. 하지만 아는 것과 실제 상황에서 바로 행동에 옮길 수 있는 건 다른 문제입니다. 사고는 늘 예측하지 못한 상황에서 발생하게 마련이니까요. 예를 들어 불이 났다고 생각해 보세요. 배운 대로 '불이야!'라고 큰 소리로 외쳐 다른 사람에게 알리고, 비상벨을 누르고, 119에 신고하고, 물에 적신 담요나 수건 등으로 몸을 감싸고 대피한다는 매뉴얼을 떠올리는 사람이 몇이나 될까요?

　참된 안전 교육은 아는 데서 그치지 않고, 체득하는 데 있습니다. 반복된 교육과 체험이 필요한 것이지요.

《일 년 내내 안전한 생활》은 아이들의 안전 의식과 위기 대응 능력을 키워 주는 초등 저학년 그림책 시리즈입니다. 교육부에서 제공하는 안전 교육 7대 영역 표준안과 학교생활 안전 매뉴얼 앱에 기초하여 만들었지요. 어린이 안전사고를 동화로 들려주고, 그 예방법과 대처법을 함께 소개합니다. 또래의 등장인물을 통한 간접 경험은 아이들이 안전 생활을 습관화하는 데 큰 도움을 줄 것입니다.

교육부 〈안전 교육 7대 영역 표준안〉	교육부 〈학교생활 안전 매뉴얼〉	아르볼 《일 년 내내 안전한 생활》
생활 안전 교통안전 `폭력·신변 안전` 약물·인터넷 중독 재난 안전 직업 안전 응급 처치	학교 내 활동 학교 밖 활동 `폭력` 교통사고 감염 및 중독 응급 처치 자연 재난 비상 대피	학교 우리 집 응급 처치 교통사고 자연 재난 비상 대피 중독 야외 활동 `폭력`

작가의 말

폭력으로부터 우리 모두를 지켜요!

저에게는 씩씩하고 놀기 좋아하는 아이가 둘 있어요. 틈만 나면 친구들하고 몰려다니며 뛰어놀지요. 그런데 어느 날, 큰아이가 놀이터 구석에 주저앉아 엉엉 우는 게 아니겠어요? 왜 우냐고 물었어요.

"아무개가 나랑 안 논대요."

큰아이는 몹시 서럽게 울음을 터뜨렸어요. 혼자만 놀이에서 빠졌기 때문이에요.

한번은 학교에서 돌아온 작은아이가 자랑스럽게 말했어요.

"엄마, 내가 나를 놀리는 아무개를 때려 줬어."

또 한번은 큰아이를 따라 같은 반 아이가 무작정 집으로 온 적이 있어요. 그 아이의 몸에서 담배 냄새가 났어요. 무슨 일로 왔는지 물었지요.

"놀려고요. 우리 집에는 아무도 없어요."

알고 보니, 그 아이의 아빠는 가게에서 일하고 엄마는 집을 나갔다고 했어요. 옷에 밴 냄새는 어른들이 피운 담배 냄새라고 했지요.

곰곰이 생각해 보아요. 언젠가 위 이야기들과 비슷한 얘기를 들어 보지 않았나요? 비슷한 경험을 한 적도 있을 거예요. 혹시 알고 있나요? 앞서 말한 이야기들이 모두 폭력이라는 걸요. 사람들은 흔히 때리는 것만이 폭력이라고 생각해요. 하지만 때리지 않는 폭력도 많아요. 놀리는 것, 따돌리는 것, 나보다 약한 친구에게 싫은 일을 억지로 시키는 것, 물건을 빼앗는 것,

욕을 하는 것. 그리고 어른이 어린이를 보살피지 않는 것도 모두 폭력이랍니다.

 폭력을 이겨 내는 것은 생각보다 쉬워요. 친구의 행동이나 말 때문에 속상하고 마음이 아프면 솔직하게 내 생각과 감정을 말하는 거예요. 내 행동이나 말 때문에 친구가 화가 났다면 '나라면 어땠을까?' 하고 생각해 보고요. 상대방을 조금만 배려하면 많은 문제들이 해결될 거예요.

 하지만 혼자 힘으로 안 될 때도 있어요. 여럿이 따돌리거나 때릴 때, 돈이나 물건을 빼앗을 때, 어른이 폭력을 휘두를 때 등이 그렇지요. 이럴 때, 상대방이 나보다 힘이 세서 무섭다고 망설이면 안 돼요. 선생님, 부모님, 경찰, 가까운 이웃 등에게 도움을 요청해요.

 아직 방법을 잘 모르겠다고요? 《폭력은 안 돼!》 안에는 폭력 때문에 힘들어하는 친구들이 있어요. 책을 읽으며 친구들이 폭력을 어떻게 이겨 내는지, 어떻게 해서 서로 잘 지내게 되는지 함께 알아보아요.

김미애

"이거 볼래? 내가 만들었어."

치우가 점토로 만든 빵과 케이크 모형을 꺼냈어요.

"**우아,** 귀엽다." 친구들이 치우 둘레로 모여들었어요.

효은이도 냉큼 치우에게 달려가 물었지요.

"뭐야, 뭐야? 나도 보여 줘."

"아무것도 아니야."

치우가 모형을 손안에 쏙 감추고는 시치미를 뗐어요.

"거짓말!" 효은이가 치우 손을 잡아당겼어요.

그 바람에 빵과 케이크 모형이 바닥에 떨어져 깨졌지요.

치우는 화가 나서 효은이를 냅다 밀어 버렸어요.
막 교실에 들어오던 선생님이 그 모습을 보았어요.
"치우야, 친구를 **밀면** 안 돼."
"효은이가 먼저 제가 만든 빵이랑 케이크 모형을 부쉈단 말이에요."
치우가 **씩씩**댔어요.
"일부러 부순 거 아니야. 궁금해서 그랬어. 네가 나만 안 보여 줬잖아.
나만 쏙 빼고 너희들끼리만 웃고 얘기하면서!"
효은이가 말했어요.

"치우야, 일부러 효은이만 안 보여 준 게 정말이니?"

선생님이 물었어요. 치우가 보일 듯 말 듯 고개를 끄덕였어요.

"친구를 **따돌리는 건** 때리는 거랑 똑같아. 폭력은 나쁜 거야."

"하, 하지만…… 저도 효은이 때문에 속상했단 말이에요.

웅이가 저를 때릴 때 효은이가 웅이 편을 들었어요.

저보다 웅이가 더 좋아서 그런 거예요. 그래서 화가 났어요."

"아니야. 웅이가 속상해하니까 웃지 말라고 한 거야. 나는 네가 가장 좋아. 진짜야!"

"정말? 진짜지? 몰랐어. 미안해."
치우가 활짝 웃었어요. 둘은 서로의 속마음을 알고 금방 화해했지요.

따돌림

 **"우리끼리만 놀면 좀 어때?" "안 돼, 폭력이야!"**

가끔 친구와 싸우고 안 놀 때가 있지요? 나와 좋아하는 것이 달라서, 또는 그냥 함께 놀기 싫은 친구도 있을 거예요. 그렇다고 일부러 놀이에서 빼고, 옆에 있는데도 못 본 척 따돌리는 것은 폭력이에요.

 안 돼! 여럿이 한 사람을 놀이에서 빼고 따돌리는 행동은 폭력이야!

 안 돼! 여럿이 한 사람을 놀리고 골탕 먹이거나 겁주는 것은 폭력이야!

흥, 얘랑 놀지 마.
나하고만 놀아.

❌ 안 돼! 다른 친구와 어울리지 못하게 막는 것은 폭력이야!

입장을 바꾸어 생각해 봐. 만약 내가 따돌림을 당한다면 기분이 어떨까? 속상하고 외로울 거야. 나를 따돌리는 친구들에게 화도 날 테고 말이야.
그러니 친구를 따돌리면 안 되겠지?

잠시 후, 선생님이 치우와 웅이를 불렀어요.
"웅이야, 치우하고 무슨 일이 있었는지 이야기해 줄래?"
웅이가 **우물쭈물** 대답했어요.
"영수가 저를 놀렸어요. 근데 치우도 킥킥대며 저를 비웃잖아요.
너무 화가 나서 때렸어요."
"영수가 놀릴 때, 치우가 웃어서 기분이 나빴구나.
하지만 기분이 나쁘다고 **친구를 때리면** 안 돼. 어서 사과하렴."
"미안해."
"나도 미안."
치우와 웅이가 서로 사과했어요.

 신체 폭력

"장난인데 뭐 어때?" "안 돼, 폭력이야!"

내가 친 장난에 친구가 아파한 적이 있나요? 내 기분이 나쁘다고 친구를 때린 적은요? 툭툭 건드리거나, 옷을 잡아당기는 장난은 아주 작은 일처럼 보이기도 해요. 하지만 친구가 괴로워하면 모두 폭력이에요.

안 돼! 내가 하는 장난이 친구에게는 폭력일 수 있어!

안 돼! 내 기분이 나쁘고 화가 난다고 친구를 때리는 행동은 폭력이야.

"열어 줘!"

"킥킥, 재밌지?"

안 돼! 친구를 가두거나 억지로 위험한 장소에 데려가는 행동은 폭력이야!

생각해 봐. 친구가 장난이라면서 자꾸 나를 때리면 어떨까? 기분이 나쁘다고 때리면? 또는 나를 어딘가로 끌고 가거나 가두면? 무척 기분이 나쁘고 무서우면서, 몸과 마음이 아플 거야.

치우가 자리로 돌아간 다음,
선생님은 웅이에게 영수를 데려오라고 했어요.
영수는 어리둥절한 표정으로 선생님에게 갔지요.
"영수야, 어제 웅이를 놀렸니?"
"아니요!"
영수가 웅이를 힐끔 보고, 씩씩하게 대답했어요.
"거짓말. 나한테 돼지 뚱뚱보라고 했잖아!"
"거짓말 아니야. 너 진짜 뚱뚱하잖아. 선생님, 저는 사실을 말했을 뿐이에요."
영수가 당당하게 말했어요.
"영수야, 친구의 겉모습을 보고 **기분 나쁘게 말하는 건** 폭력이야."
선생님은 영수더러 웅이에게 사과하라고 했어요.

언어 폭력

"괜찮아, 때린 것도 아닌걸!" "안 돼, 폭력이야!"

나쁜 말과 욕은 몸에 상처를 내진 않지만, 마음에 큰 상처를 내요.
깔보고 무시하는 말, 겁주는 말, 헐뜯고 깎아내리는 말이나 욕은 모두 폭력이에요.

얘는 거북이처럼 느려 터졌어. 느림보랑은 같은 편 안 해.

안 돼! 생김새나 성격, 타고난 재주를 가지고 놀리는 건 폭력이야. 잘살고 못사는 것으로 친구를 차별해도 안 돼.

안 돼! 인터넷 게시판, 채팅방 등에서 친구를 욕하는 것은 사이버 폭력이야.
사실이 아닌 이야기나 비밀을 퍼뜨리는 것, 협박하는 말이나 욕을 문자로 보내는 것도 모두 폭력이야.

때리지는 않았으니까
괜찮다고?
아니야! 친구를 겁주는
말도 폭력이야.

친구가 한 말 때문에 속상한 적이 있니?
그럼 내 말 때문에 친구가 속상한 적은 없을까?
만약 그런 적이 있다면, 친구와 함께 이야기해 봐.
서로 어떤 말에 기분이 나빴는지 얘기하고 사과하는 거야.
그러면 속상함을 풀고 더 좋은 친구가 될 수 있을 거야.

영수는 입술을 **비죽** 내밀고 마지못해 사과했어요.
그런데 자꾸 화가 났어요.
"왜 저한테만 그래요? 저, 저도 이유가 있다고요!"
영수가 **버럭** 소리를 질렀어요.
선생님은 가만히 영수의 말을 기다렸어요.
하지만 영수는 입을 꾹 다물고
더 말하지 않았어요.
선생님이 다독이며 물어도 아이들 쪽을
흘깃거릴 뿐이었지요.
선생님은 영수를 조용히 밖으로 불렀어요.

"영수야, 무슨 일인지 말해 보렴."
"어제 학교로 오는 길에 철이가 제 빵을 **빼앗아 갔어요**.
근데 웅이가 아무것도 모르고 귀찮게 해서 짜증이 났어요."
영수가 대답했어요.
"철이가 빵을 빼앗아 갈 때 왜 싫다고 말하지 않았니?"
"철이는 저보다 덩치가 크잖아요. 힘도 세고요. 무서워서 가만히 있었어요."
"영수야, 네 힘으로 안 되는 일은 어른에게 말해야 해.
혼자 비밀로 하면 더 큰일이 생길 수 있거든, 알겠니?"
"네……."
영수가 대답했어요.

빼앗기·시키기

"괜찮아, 친구잖아!" "안 돼, 폭력이야!"

아무리 친해도 친구의 물건을 마음대로 가져가거나 친구가 싫어하는 일을 억지로 시키면 안 돼요.
물건을 빌릴 때는 먼저 예의 바르게 물어보고, 내가 해야 하는 일은 스스로 해요.

앗, 실수!

어, 내 로봇……

안 돼! 친구 물건을 일부러 망가뜨리는 행동은 폭력이야!

이것 좀 쓴다.

내 건데…….

안 돼! 친구의 물건을 가져가서 되돌려 주지 않는 행동은 폭력이야!

❌ 안 돼! 친구에게 심부름, 숙제, 청소 등을 억지로 시키는 행동은 폭력이야.

생각해 봐.
친구가 내 물건을 마음대로 가져가고 망가뜨리면 기분이 어떨까? 그리고 숙제를 대신 하라고 윽박질러서 시키면?
친구는 내가 하기 싫은 걸 해 주는 사람이 아니야. 친구의 물건을 함부로 써도 안 돼.
그런 건 모두 괴롭힘이고 폭력이야!

쉬는 시간이에요.
선생님이 철이를 따로 불러 물었어요.
"철이야, 영수 빵을 빼앗아 간 적이 있니?"
"……네."
철이가 고개를 푹 숙였어요.
"저런, 왜 그랬어?"
"빵을 보니까 갑자기 먹고 싶었어요. 배가 고파서……."
철이는 더 이상 말하지 않았어요.

그날 오후, 선생님이 철이네 집에 찾아갔어요.
땡동! 초인종 소리에 철이가 깜짝 놀라 뛰어나왔어요.
선생님은 더 깜짝 놀랐어요.
집 안이 온통 지저분한 옷이랑 쓰레기투성이었거든요.
냉장고는 텅텅 비어 있고, 주방에는 설거짓거리가 수북했어요.
철이 아빠는 철이를 **보살피지 않고 내버려 두었던** 거예요.
"이렇게 지내는 줄 전혀 몰랐구나. 미안해. 그동안 많이 힘들었지?"
선생님이 철이를 꼭 안아 주었어요.
그리고 철이가 도움받을 수 있도록 복지 센터에 연락해 주었지요.

아동 학대

 "어른이 하는 행동이니까 참아야 할까?" "안 돼, **폭력**이야!"

우리 아빠는 가끔 화를 내고 욕을 해. 화가 많이 나면 물건을 던지거나 나를 때리기도 해. 다 내가 잘못해서 그러는 거래. 아빠가 나한테 화가 나서 때리는 거니까 참아야 할까?

엄마가 나에게 화장실에 혼자 있는 벌을 주었어. 내가 장난을 치고 말을 안 들었기 때문이래. 화장실은 좁고 어두워서 너무 무서웠어. 하지만 엄마가 준 벌은 다 받아야 해. 왜냐하면 엄마 말은 잘 들어야 하니까. 그렇지?

우리 엄마 아빠는 나에게 옷도, 밥도 잘 챙겨 주지 않아. 내가 아프다고 해도 시큰둥하고, 내 말에 귀를 기울이지도 않아. 학교에 가라고 하지도 않지. 엄마 아빠는 내가 귀찮고 싫은 걸까?

어른들이 항상 옳지는 않아. 어른이라 해도 네 몸과 마음에 상처를 주면 안 돼. 음식과 옷을 잘 챙겨 주지 않거나, 아플 때 돌봐 주지 않는 것은 모두 잘못된 거야. 이럴 땐 용기를 내어 도움을 청해. 선생님이나 친척 등 믿을 만한 어른에게 사실을 알리고 도와 달라고 하는 거야. '경찰(112)'이나 '보건복지콜센터(129)'에 전화해도 도움을 받을 수 있어.

다음 날, 선생님이 아이들에게 말했어요.
"얘들아, 친구를 때리는 것은 폭력이야. 그런데 때리지 않는 폭력도 있어.
따돌리는 것, 나쁜 말로 놀리는 것, 물건을 빼앗는 것,
하기 싫은 일을 억지로 시키는 것도 모두 폭력이야.
말이나 행동을 하기 전에 한 번 더 생각해 보고,
친구와 다투었으면 입장을 바꾸어 생각해 봐.
그럼 더 좋은 친구가 될 거야. 모두 약속할 수 있니?"
"네!"
아이들이 힘차게 대답했어요.
그러고는 너도나도 손으로 하트를 만들어 보였답니다.

"괜찮지 않아! 폭력은 나빠!"

폭력은 몸과 마음에 큰 고통을 주어요. 폭력이 끝나도 상처와 아픔은 오래도록 남아 병이 들기도 하지요. 폭력을 견디지 못하고 스스로 죽음을 선택하는 친구들도 있어요. 혹시 내가 한 말과 행동 때문에 친구가 아프거나 힘들어하지 않는지 생각해 보아요.

폭력, 어떻게 막을까?

1. 친구에게 장난을 치기 전에 내가 만약 친구라면 기분이 어떨지, 아프지는 않을지 생각해 보아요. 친구가 괴로울 것 같은 장난이라면 그만둬야 해요.
2. 으슥하고 외진 길을 지나가야 한다면, 친구와 함께 가거나 부모님에게 마중 나오라고 해요.
3. 친구가 큰돈이나 비싼 물건을 빌려 달라고 하면 '지금은 없으니까 부모님께 얘기하고 빌려줄게.'라고 말해서 우선 자리를 피해요. 그 뒤 부모님이나 선생님에게 알려요.
4. 학교 폭력에 대한 정보를 알려 주는 사이트나 앱(App)을 알아 두고, 나 또는 친구가 학교 폭력을 당할 때 이용해요. 대표적으로 '도란도란 학교 폭력 예방 누리집(www.dorandoran.go.kr)'이 있어요.

친구를 아프게 하면 벌을 받아요.

1. 다른 반으로 옮겨 가거나 전학을 갈 수 있어요.
2. 문제가 해결될 때까지 학교에 가지 못할 수 있어요.
3. 나의 마음과 행동에 대해 심리 치료를 받아야 해요.
4. 학교 안이나 밖에서 봉사 활동을 해야 해요.
5. 내가 괴롭힌 친구의 치료비를 내 주어야 해요.
6. 학교 폭력은 범죄이기 때문에 법에 따라 벌을 받게 돼요.

폭력, 내가 당할 때는 이렇게 해!

1. 나를 괴롭히는 친구와 함께 이야기를 해 보아요.
   괴롭히는 것이 싫고 기분이 나쁘다고 딱 잘라 말해요.

2. 아이들이 나를 괴롭힐 때, 울거나 화를 내는 등 힘들어하는 모습을
   보이지 말아요. 놀림이 재미없다는 투로 말하거나 아무렇지 않은 척 피해요.

3. 괴롭히는 아이가 따로 보자고 하면 절대로 혼자 남거나 따라가지 말아요.

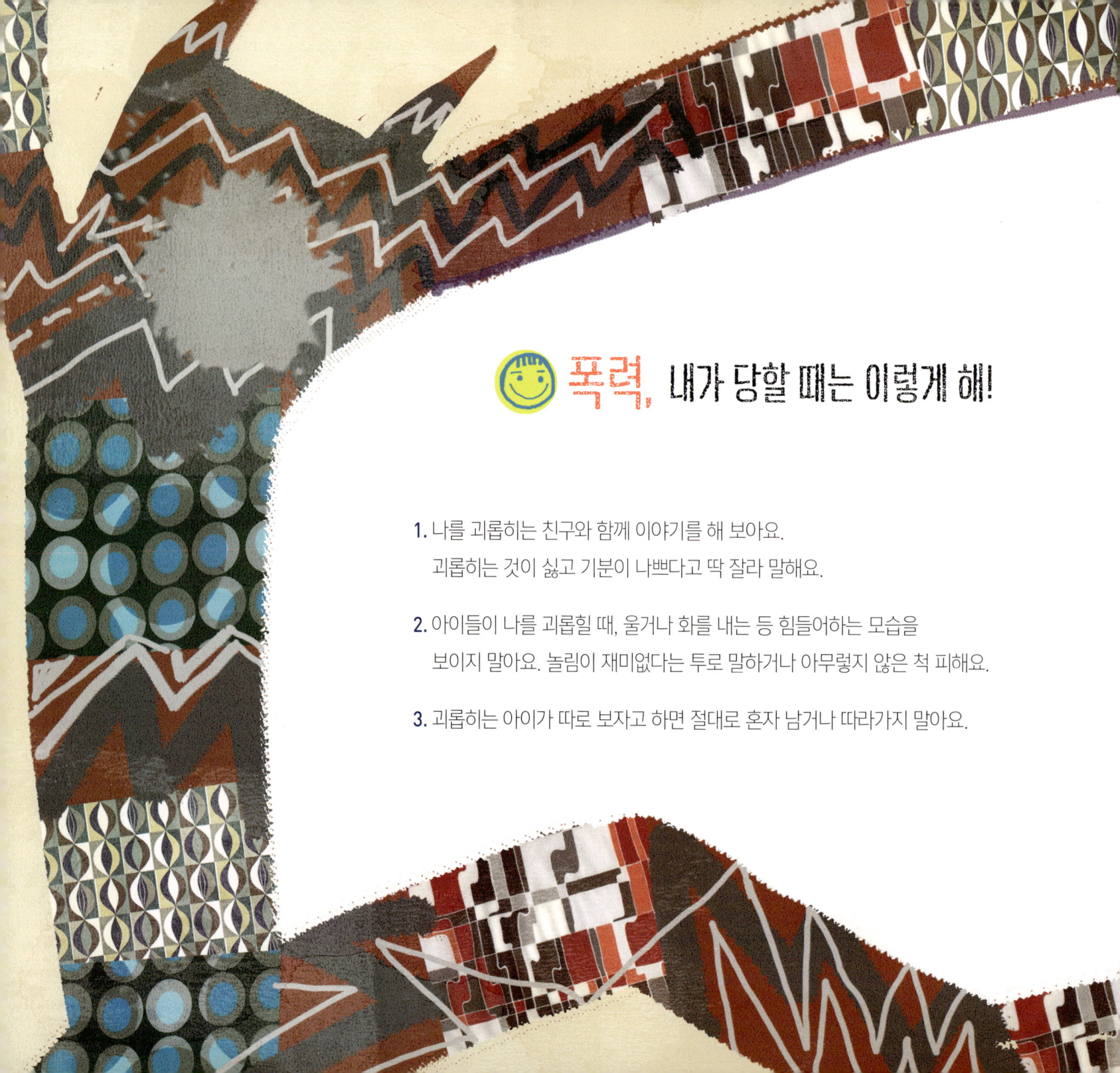

4. 문제가 해결될 때까지 학교를 오가는 방법을 바꾸고 혼자 다니지 말아요.

5. 누군가 나를 때리려고 들 때는 맞서 싸우지 말고 빨리 그 자리를 피해요. 이때 피하는 것은 비겁한 일이 아니에요. 경찰서나 큰 가게 등 안전한 곳으로 피하고 부모님이나 선생님에게 알려요.

6. 어떤 일이 있었는지 일기나 메모지에 적어 두어요. 괴롭히는 내용의 쪽지나 문자를 받으면 답하지 말고 저장해 두어요.

7. 친구가 괴롭힘을 당하고 있으면 주위 사람이나 경찰서 등에 알려서 도움을 받게 해 줘요. 이것은 고자질이 아니라 용감한 행동이에요.

8. '학교폭력 신고상담센터(117)'로 전화하면 도움을 받을 수 있어요. 24시간 운영하니 필요하면 언제든지 도움을 청해요. 받는 사람에 '#0117'을 입력하면 문자를 보낼 수도 있어요.

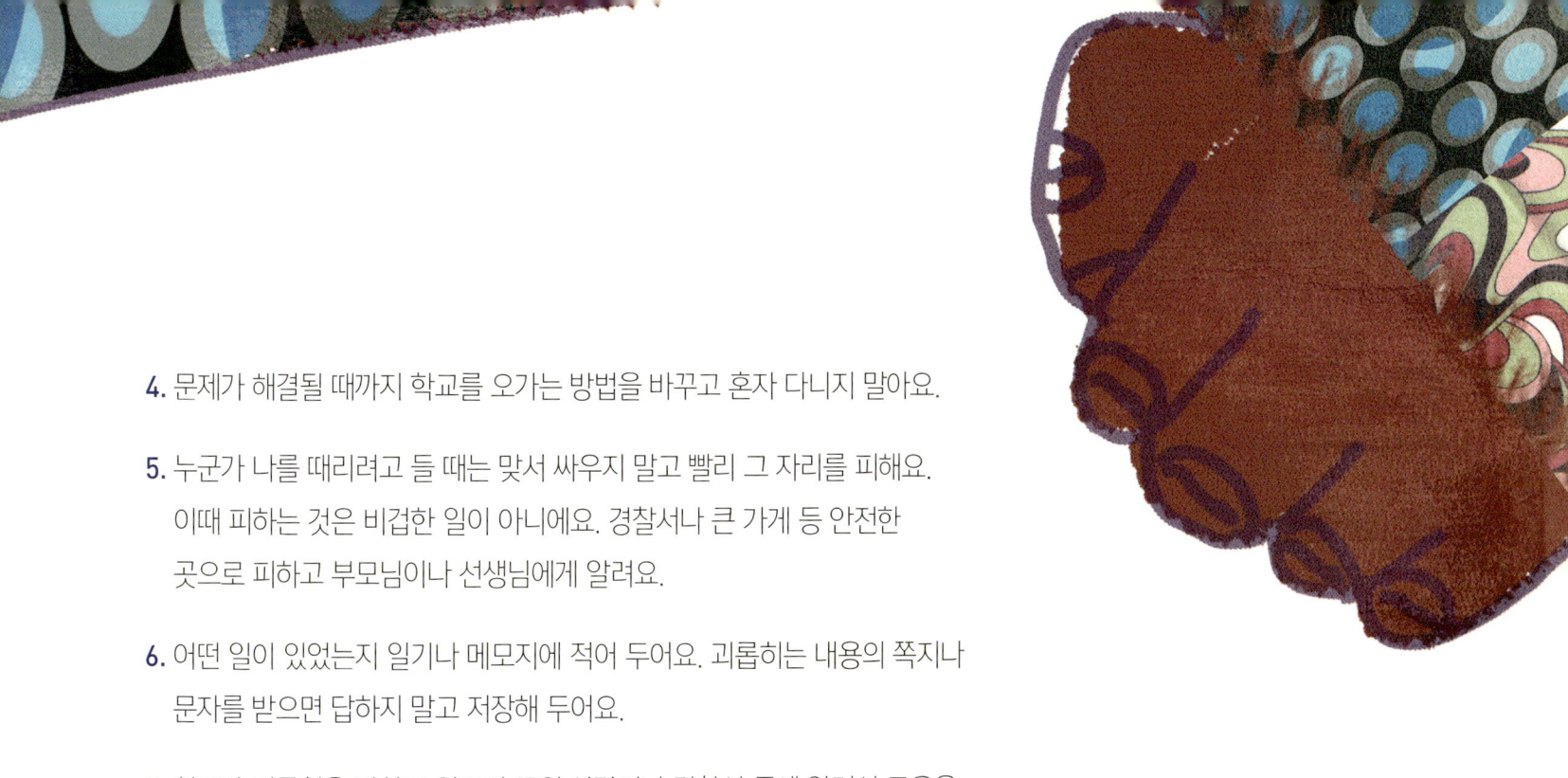